Hermine *Albert* *Leopold* *Anni* *Heinrich* *Karl*

Lili *Friedrich* *Wilhelmine* *Ida* *Ilse* *Annette*

Mathilde

Das Haus, das weglief

Ein Denkmal-Märchen für Kinder
und Erwachsene
von Franz-Josef Kochs

Herausgegeben von der
Deutschen Stiftung Denkmalschutz

MONUMENTE Kommunikation GmbH

Für Anni, Ingrid, Klaus, Elsbeth, Horst, Theo, Monika, Christiane, Katja, Dorothee, Irene, Krista, Gerlinde, Carola, Angela, Thomas, Martin ...

... und all die anderen Häuser meiner Straße.

2. Auflage 1996
3. – 6. Tausend

Dürenstraße 8, 53173 Bonn
Telefon (0228) 95 73 8-34, Telefax (0228) 95 73 8-28

Illustrationen und Text: Franz-Josef Kochs
Redaktion: Sabine Schormann (verantwortlich),
Hanna Hilger, Bettina Vaupel (Mitarbeit)
Grafische Gestaltung: Michael Marasson, St. Augustin
Lithographie: Reprotechnik Mirgel + Schneider GmbH, Bonn
Druck: Ziethen Farbdruckmedien, Köln

ISBN 3-9804890-1-9

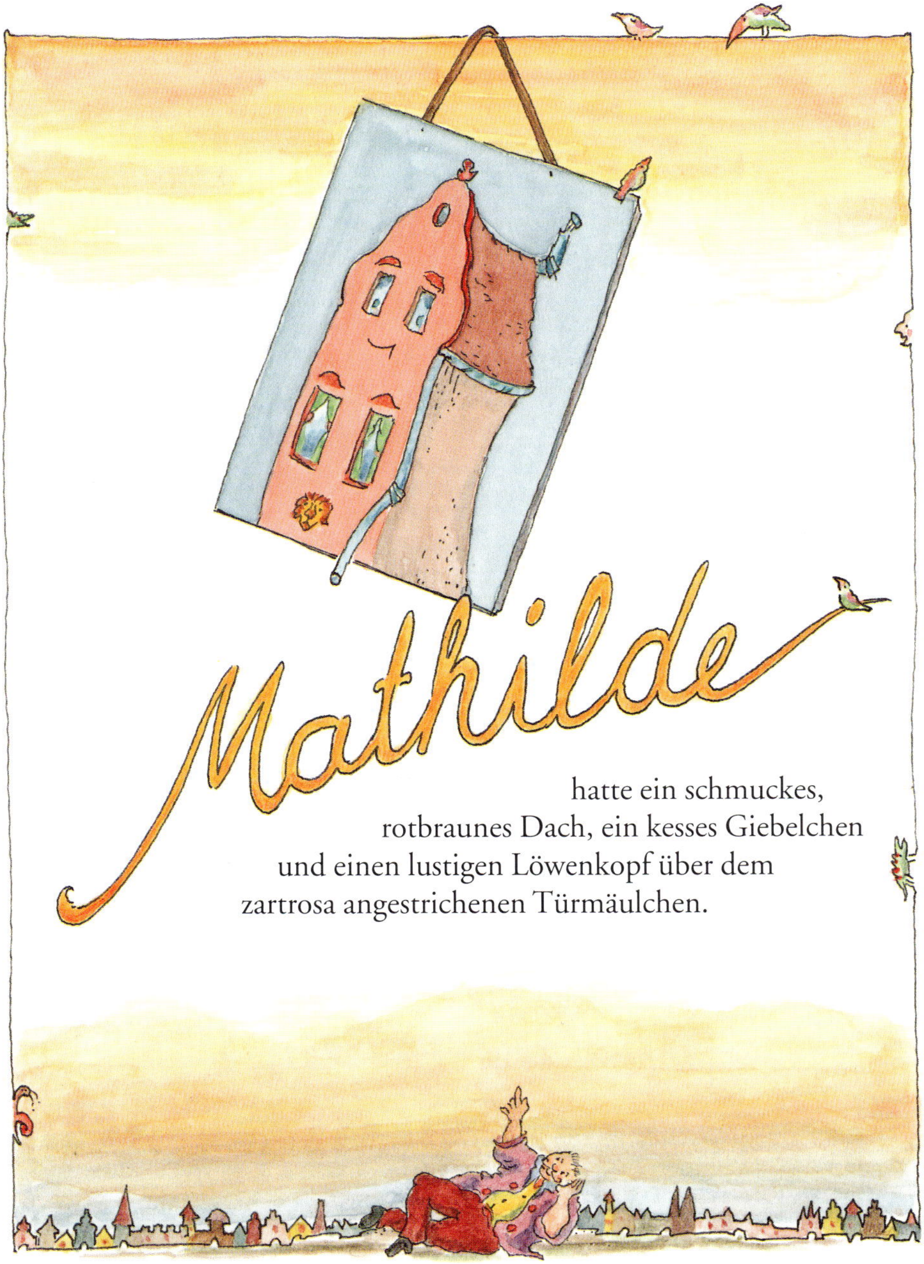

Mathilde hatte ein schmuckes,
rotbraunes Dach, ein kesses Giebelchen
und einen lustigen Löwenkopf über dem
zartrosa angestrichenen Türmäulchen.

Sie war die erste im Viertel gewesen. Als man das Haus, das später von den Nachbarhäusern „Mathilde“ genannt wurde, baute, waren da nur Felder und lehmige Wege gewesen vor der Stadt. Das ist nun so etwa hundert Jahre her.

Dann hatte sich mit den Jahren Haus um Haus dazugesellt, neben ihr, gegenüber, vor und hinter ihr, nach und nach, all die anderen Häuser, die Hermine hießen oder Ida und Ilse - die waren Zwillinge -, Annette, Isabell, Ludwig, Albert und
wer weiß wie.

Nun fragt Ihr: Wie, haben Häuser Namen? Und ich kann Euch sagen: Ja, die haben sie, und sie können sich sogar miteinander unterhalten.

Die Namen brauchen sie allein schon, damit sie einander anreden können, so wie Du und ich es tun. Daß Häuser Namen haben, und überhaupt, daß sie sprechen können, wissen die Menschen nicht. Doch Häuser haben ihre eigene Sprache: Sie knarren, seufzen, klopfen, knacken und ticken im Holzgebälk, sie rieseln leise in den Mauern - das ist eine höchst komplizierte und nur unter Häusern verständliche Sprache.

Wenn die Menschen, die in diesen Häusern wohnen, solcherlei Geräusche hören, sagen sie oft: „Das Haus ist alt", oder: „Hörst Du, da verzieht sich was", und auch: „Die Zeit nagt am Haus". Dann denken sie manchmal ans Ausziehen und daran, daß sie gern in neuen Häusern wohnen würden. Und jetzt, da Ihr wißt, daß Häuser sprechen können, fragt Ihr bestimmt, worüber sie sich wohl unterhalten mögen.

Nun, das ist wie bei den Menschen, sie plaudern, erzählen von früher und dem, was kommen mag, stellen neugierige Fragen und berichten sich auch gern den neuesten Klatsch. So reden die Häuser übereinander und natürlich über die Menschen, die in ihnen wohnen - all jene, die gestern in ihnen wohnten, die ein- und auszogen, oh, es gibt viel zu erzählen und zu tuscheln, wenn man Jahr für Jahr in einer Straße nebeneinander steht.

Ihr seht: Auch wenn sie in einer Reihe links und rechts der Straße standen, waren noch lange nicht alle die besten Freunde.

Gute Freunde zeigen sich, wenn's einem schlecht geht - und Mathilde, die Straßenälteste, sollte dies bald am eigenen Leib erfahren.

Eines Tages
zogen ihre
Bewohner aus …

… und keine neuen zogen ein, kein Umzugswagen kam vollgepackt angerollt, keine Schar trampelnder und tretender Kinderfüße beim Hausbesichtigen und kein Poltern der Möbelpacker auf der Holztreppe. In den ersten Tagen hoffte Mathilde noch auf neue Bewohner, denn in all den vielen Jahrzehnten hatte sie noch nie so lange nutzlos leergestanden.

Doch als man nach Wochen ihre Tür und die Fenster zunagelte, da wurde es ihr zur traurigen Gewißheit, daß sie einsam und verlassen bleiben würde ... nicht auszudenken, wie ihr Leben ohne Menschen weitergehen sollte.

Anfangs hatten die Nachbarhäuser nur hinter ihrer Rückfront über sie getuschelt.

Doch dann konnten Annette, Albert, Ida und Ilse es nicht lassen, bei den nachmittäglichen Plaudereien offen auf Mathildes Situation anzuspielen: „Erzähl uns doch was von Deinen Bewohnern, Liebste“, flötete Annette, das rotbraun bedachte Haus von gegenüber.

Und immer, wenn sie wen mit „Liebste“ anredete, war das Gegenteil gemeint.

Mathilde tat so, als hätte sie die Frage überhört, doch schon tönte Albert, der sich bei Annette beliebt machen wollte: „Von wegen Bewohner, Mathilde soll voller Ratten sein!“

„Igittigitt“, rief Annette, „stimmt das, Mathilde?“ Die schwieg und wäre am liebsten im Boden versunken. An ihren Wänden liefen dicke Tropfen herunter, aber nur innen, damit es keiner sehen konnte.

„Laßt sie doch“, meinte Hermine, „ihr Zustand ist schon schlimm genug - und außerdem: seid doch ‘mal ehrlich, welches Haus in unserem Alter hatte denn nicht schon einmal Mäuse oder gar Ratten als Untermieter?“ „Ich und Ratten“, rief Annette, „daß ich nicht lache!“

So ging das Tag für Tag, und Mathilde verfiel schneller als nötig. Vom vielen stillen Weinen hatten sich in ihrem Innern die alten Tapeten gelöst und schaukelten grauslich im Wind, der durch die zerbrochenen Fenster pfiff.

Eines Mittags konnte Ilse es kaum erwarten, eine Neuigkeit loszuwerden. „Habt Ihr schon gehört? Haus Nr. 17 soll abgerissen werden“, schnatterte sie aufgeregt.

„Und die Nr. 17“, sagte Ida, „das ist Mathilde.“ „Du mußt dich verhört haben“, rief Mathilde, mehr bekam sie vor Schreck nicht heraus. „Nein“, wiederholte Ilse, „Nr. 17, das bist Du.“ Und Ida fügte hinzu: „Haben wir gehört.“ „Klar und deutlich“, betonte Ilse. „Mathilde wird abgerissen“, tuschelte es von allen Seiten. Mathilde zitterte, daß die Dachziegel klapperten, und einige fielen sogar herunter und zersprangen auf dem Bürgersteig.

„Abreißen, wie geht das?“ wollte sie von Hermine wissen, doch Annette kam ihr mit einer Antwort zuvor: „Da kommt eine große Kugel aus Eisen, die wird Dir in den Bauch geworfen, und Du zerplatzt.“ „Bums“, fügte Ilse hinzu. „Bums“, echote Ida.

Mathilde heulte
auf, daß ihre Balken bedenklich krachten.
Da war es gut, daß niemand mehr in ihr wohnte.
„Ist das wahr, Hermine?“ jammerte sie. „Ich fürchte ja“, sagte Hermine leise. Albert brummelte: „Kein Wunder - so abgetakelt, wie die aussieht ...“ „Wie schön ist dagegen mein neuer Anstrich“, tat sich Annette hervor, „hellgrün, hochmodern, schikker als schick - was für ein Gegensatz zu der da.“ Und Ilse kicherte: „Noch nicht mal mehr die Dachpfannen kann sie zusammenhalten“, worauf sich alle Regenrinnen ausschütten mußten vor Lachen.

„Ach Ilse, es kommt doch auf die inneren Werte an“, wollte Hermine helfen. Sie hatte es gut gemeint, aber schlecht überlegt, denn schon keifte Ilse los: „Innere Werte, die hat gerade sie doch nicht mehr!“ Mathilde wußte nicht ein noch aus und sagte in ihrer Not: „Ich war doch als erste hier ...“ „Dann wirst Du nun eben auch als erste wieder verschwinden“, zischte Annette von gegenüber, und ihr Dach leuchtete feuerrot vor Schadenfreude.

Mathilde schluchzte: „Was soll ich denn tun?“ „Dich abreißen lassen“, höhnte Annette. „Oder lauf doch weg“, spottete Ilse. „Ja, weg, weg“, echote Ida. „Aber vergiß nicht, Deinen Keller mitzunehmen“, platzte Albert los. Und das brachte Annette, Ilse und Ida derart zum Kichern, daß ihre Bewohner aufschreckten. „Ich wollte Euch mal sehen, wenn Ihr in ihrer Lage wärt“, gab Ludwig zu bedenken, aber auf den hörte wieder mal keiner.

In der Nacht konnte Mathilde nicht schlafen: „Ob die große Eisenkugel bald kommt?“ fragte sie sich, und: „Ob das Abreißen sehr weh tut?“

Als sie merkte, daß Hermine auch noch wach war, flüsterte sie: „Kann mir denn keiner helfen?“ Hermine überlegte und sagte dann zögernd und traurig: „Ich fürchte, da sind wir machtlos.“ Und aus der Dunkelheit kam Isabells Stimme: „Du wirst uns fehlen, gute Mathilde, nein, das hast Du wirklich nicht verdient.“

All dies Mitgefühl beruhigte Mathilde nur wenig, und sie grübelte weiter: „Lauf doch weg“, hatte Ilse gelästert. Weglaufen ... ja, wenn sie das nur könnte!

Dann wurde eines Morgens der Bürgersteig vor Mathilde abgesperrt.

„Jetzt wird's spannend“, hetzte Annette. Mathilde erbleichte sichtbar unter ihrem rosa Putz. „Wenn sie so schlottert, fällt sie noch von selbst zusammen“, stellte Albert fest. Und Mathilde zitterte wirklich so stark, daß Hermine und Isabell mitzittern mußten, ob sie wollten oder nicht.

Bis zum Abend geschah weiter nichts, außer daß man vor Mathilde ein großes Schild aufstellte. „Vorsicht, Einsturzgefahr!“ stand darauf zu lesen - was einige Häuser sehr zu belustigen schien.

Die Nacht kam, und dicke Wolken zogen vor den Mond und die Sterne. Ein starker Regen setzte ein und prasselte auf die Dächer der Häuser.

Und mit jedem Tropfen, der auf ihre klapprigen Dachpfannen klatschte, wuchs Mathildes Angst und mit der Angst eine Kraft, die so groß wurde, daß sie gegen Mitternacht mit einem Mal ihre linke Hauswand hochheben konnte, ein Stückchen nur, aber genug, um sie vom Kellersockel zu lösen. Es gab ein häßliches Geräusch, ein Knirschen und Knacken, das alle Häuser in der Straße weckte, und hier und da gingen die Lichter an.

Mathilde bekam selbst einen solchen Schreck, daß sie - KRACKS - auch ihre rechte Hauswand vom Kellergeschoß abbrach. Als sie dann noch unter Getöse ihre Vorder- und Rückwand losriß, schrien Hermine und Isabell auf. Fast wären sie umgekippt, doch sie fingen sich, und nur Herr Mocken in Hermines Obergeschoß purzelte aus dem Bett.

Mathilde war so durcheinander, daß sie nicht mehr recht wußte, was sie tat, aber sie tat das einzig Richtige: Sie ist weggelaufen in jener Regennacht. Sie lief und lief knirschend und knarrend aus der Stadt heraus. Später tat es ihr leid, daß sie sich nicht mehr von Hermine und Isabell verabschiedet hatte.

KRACKS

Als am nächsten Morgen die Bewohner der anderen Häuser aus den Fenstern schauten und ihren Augen nicht trauten, als ein Polizeiwagen angefahren kam, ein Reporter Fotos schoß und die halbe Stadt zusammenrannte, da war Mathilde schon weit entfernt, irgendwo in einem Wald. Und wenn ihr die Freundinnen auch fehlten, war sie doch ein bißchen stolz auf sich, denn bisher hatte sie noch nie von einem Haus gehört, das laufen konnte.

Tagsüber versteckte sich Mathilde in Wäldern und einsamen Tälern, denn sie wollte nicht gesehen werden - bestimmt suchte man sie, um sie abzureißen. Nachts lief sie weiter und hoffte, irgendwo eine neue Bleibe zu finden.

Doch das war gar nicht so einfach. Eines Nachts kam sie zu einer uralten Burg. Eigentlich hätte es ihr in deren Schatten gut gefallen, doch die Burg grummelte: „Guck, daß Du wegkommst, Du junges Ding!" und so lief Mathilde weiter.

Dann gesellte sie sich zu einer Gruppe von Hochhäusern: „Hau ab, Du Zwergin“, zischten die so drohend, daß Mathilde weiterhastete. „Was die sich einbilden, diese Klötze“, dachte sie.

Und sie versuchte es in der Nachbarschaft einer vornehmen Villa. „Du bist so alt und dreckig“, näselte die Villa, „Geh wieder fort!“

Doch Mathilde hatte beschlossen, sich nicht mehr so schnell einschüchtern zu lassen, und so blieb sie einfach stehen.

„Wenn Du nicht gehst, laß ich Dich wegschaffen“, ereiferte sich das vornehme Ding. „Versuch's doch“, gab Mathilde zurück, und als sie sah, wie hilflos und dumm das hochnäsige Haus dastand, meinte sie nur: „Du bist ja bloß neidisch!“ Und sie entfernte sich so grazil es ihr nur möglich war.

Mathilde wanderte weiter, doch nirgends kam sie zur Ruhe: Den neuen Häusern war sie zu alt, den kleinen Bungalows zu groß, den Kirchen zu wenig fromm und den Fabriken zu unnütz. Und viele Plätze gefielen ihr auch einfach nicht.

Sie war todmüde und fühlte sich allmählich recht verloren. „Hätten sie mich doch bloß abgerissen“ weinte sie in sich hinein.

Es war alles sehr, sehr traurig, und sie wußte nicht mehr weiter.

Damit diese Geschichte doch noch gut endet, müssen wir sie nun für ein paar Seiten anhalten und zurückspringen in die Zeit, als Mathilde noch sorglos in ihrer Vorstadtstraße stand.

Da hatte - in einer anderen Stadt - Herr Rodolfo Schnurribartini hoch über den Dächern gewohnt. Der malte Bilder und schrieb Gedichte, und die Nachbarn sagten, er sei ein Lebenskünstler - das ist ein Mensch, der dem Leben immer die guten Seiten abgewinnen kann.

Doch dann wurde ihm seine Wohnung gekündigt, und keine neue war in Sicht. Erst recht keine, die dem Himmel so nah war. So verabschiedete er sich von seinem Dachgarten, nahm ein Bäumchen im Topf als Andenken mit - und, da er ein Lebenskünstler und außerdem gerade Sommer war, beschloß er, in den Wald zu ziehen.

Dort richtete er sich inmitten hoher Bäume ein, baute ein Dach zwischen vier Tannen und eine Dusche daneben. Zuerst gefiel ihm dieses Leben gut, aber mit der Zeit war es doch nicht mehr ganz so gemütlich. Und dann waren die Batterien in seinem Kofferradio verbraucht, so daß er nicht einmal mehr den Wetterbericht hören konnte.

An Regentagen wurde es arg feucht, so daß seine Bilder nicht trockneten, und manchmal pustete der Wind auch Tannennadeln auf die frische Farbe. „Wie mögen erst die Winterregen und -stürme sein?“ dachte er und ihm wurde unbehaglich zumute.

Doch bevor er sich den ersten Schnupfen holte, hat er Mathilde getroffen, und damit kann unsere Geschichte weitergehen.

Es war während eines Gewitters, und Mathilde schlurfte aus allen Ritzen pfeifend durch den Wald. Da hörte sie auf einmal Rodolfo Schnurribartinis trauriges Sommerregenbratschenspiel. Und da diese Melodie viel schöner als der Donner und ihr eigenes Gepfeife klang, schlich sie den

Tönen nach, bis sie den kleinen Herrn Schnurribartini erspähte. Der blickte auf und brach sein Spiel ab, als er Mathilde so unvermittelt vor sich sah.

„Ich träume wohl“, dachte Herr Schnurribartini und guckte nochmal hin. Dann legte er die Bratsche behutsam zur Seite und stand leise auf.

Was für ein seltsamer Wald, in dem ein Haus so mir nichts, dir nichts vor einem stand!

Als Herr Schnurribartini vorsichtig auf sie zu ging, wich Mathilde einen Schritt zurück. Vielleicht gehörte dieser Mensch im Wald ja zu jenen, die sie abreißen wollten! Herr Schnurribartini spürte Mathildes Mißtrauen wohl.

Er blieb stehen und kratzte sich den Kopf: „Was für ein schönes Haus", dachte er, „und dann auch noch beweglich! In ihm könnte ich leben und wohnen; ich wäre mal hier und mal da auf der Welt, und doch wäre ich immer zu Hause ... wie zweckmäßig."

Mathilde hatte derweil auf dem Absatz kehrt gemacht - eben verschwand sie wieder zwischen den Bäumen. „Bleib doch", rief da Herr Rodolfo Schnurribartini, aber Mathilde hielt nicht an, obwohl sie an seiner Stimme hörte, daß er ein freundlicher Mensch sein müsse. Also nahm Herr Schnurribartini die Verfolgung auf, so schnell es seine kurzen Beine zuließen.

So rannten beide, derweil die Blitze zuckten, bis die Bäume enger und enger standen und Mathilde zwischen zwei riesigen, alten Buchen stecken blieb. Nun saß sie in der Klemme.

Herr Schnurribartini redete beruhigend auf Mathilde ein, bis sie aufhörte, nervös mit ihrem Putz zu rieseln. Dann verbeugte er sich höflich und sagte: „Gestatten - Schnurribartini, Rodolfo Schnurribartini. Sie erlauben ...?!" Als keine Türhiebe und ähnliche unangenehme Überraschungen folgten, krabbelte er vorsichtig durch einen Fensterspalt hinein.

Und während Herr Schnurribartini sich im Schein seiner Zündhölzer alle Räume genau ansah, verspürte Mathilde zum ersten Mal nach langer Zeit wieder das vertraute Gefühl, das sie schon fast vergessen hatte, das Gefühl, im Innern nicht allein zu sein.

Bis zum Morgen hatte Herr Schnurribartini sein ganzes Hab und Gut hineingeschafft und in allen Räumen verteilt.

Mathilde tat derweil keinen Mucks, denn wer all' seine Sachen in sie hereintrug - und was für drollige und komische Sachen -, der wollte in ihr wohnen und ihr folglich nichts Böses tun. Wenn Herr Schnurribartini die Treppe hochlief, kribbelte es sie so wie früher, daß sie kichern mußte, wobei ihre Stufen lustig quietschten.

Und sie hätte hüpfen mögen vor Freude, aber als pflichtbewußtes Haus unterließ sie das, denn dann wäre Herr Schnurribartinis Goldfisch aus dem Aquarium geschwappt und vieles wäre umgefallen.

Und das gehört sich nicht.

Am nächsten Abend kletterte Herr Schnurribartini auf eine der beiden Buchen, zwischen denen Mathilde festsaß, und ruckelte und zappelte so lange hoch oben im Astgewirr herum, bis sie sich aus ihrer unbequemen Falle herauswinden konnte.

Dann haben sie einander einen Augenblick lang angeschaut, die Mathilde und der Herr Rodolfo Schnurribartini, und Herr Schnurribartini hat leise: „So, das wär' geschafft!" gesagt.

Mathilde wartete, bis er wieder im Haus war - dann schob sie sich ganz vorsichtig, Stück für Stück, davon. So begann ihre gemeinsame Reise durch die Nacht - vorbei an einzelnen Häusern, Dörfern, Städten, was sie an der Zahl der Lichter erkennen konnten, denn hier und da waren auch andere wach.

Und wie sie so durch die Nacht segelten, kam Herr Schnurribartini sich vor wie ein Kapitän, doch er brauchte kein Steuer, denn das erstaunliche Haus lenkte sich von allein.

So hatte Herr Schnurribartini Zeit, sich Gedanken zu machen: „Woher kommt es wohl?“, überlegte er, „warum ist es fortgelaufen, dieses schöne alte Haus, und wie lange mag es schon unterwegs sein?“

Im Morgengrauen steuerte Mathilde auf den nächsten Wald zu, und dort blieben sie den Tag über. Herr Schnurribartini verstand, warum das so sein mußte, und er ging von dort aus zum nächsten Dorf und kaufte Proviant und ein großes Paket mit vielen Kerzen. In dieser Nacht feierten Rodolfo Schnurribartini und Mathilde ihre Freundschaft mit einem richtig feierlichen Fest.

So vergingen herrliche Sommertage für das Wanderhaus und seinen Bewohner. Nachts reisten sie, Tags hielten sie sich versteckt, und Herr Schnurribartini nutzte die Zeit, Mathildes inneren und äußeren Zustand zu verbessern.

Er hängte seine Bilder auf (was Mathilde etwas piekste), und immer kam er vom Einkaufen mit Geschenken für sie zurück: mal war es eine Glasscheibe, mit der er ein zerbrochenes Fenster ersetzte, mal ein Topf voll zartgrüner Farbe, mit der er ihre Tür anstrich, mal eine neue Gardine oder Blumen für die Fenster.

Mathilde wurde schmucker und schmucker. „Eine grüne Tür“, dachte sie, „Hermine würde das bestimmt gefallen“, und sie hätte gern gewußt, wie es ihrer Nachbarin ging.

Doch für Wehmütigkeiten war ihr Leben jetzt viel zu aufregend und abwechslungsreich.

Dann lag eines Nachts eine große Stadt vor ihnen, und bei dem Versuch, sie unbemerkt zu durchqueren, wurden sie entdeckt. Einige Leute liefen vor Schreck weg, andere aus Neugier herbei, es war ein arger Tumult, der Mathilde sehr zusetzte.

Und schließlich kam die Polizei. Fast hätte man die beiden festgenommen ... aber da kam Herr Schnurribartini zum Glück auf die Idee, sie als sein Reisemobil auszugeben, einen Führerschein für Autos hatte er ja.

Doch so einfach ging das natürlich nicht: Herr Schnurribartini hatte viel zu regeln und mußte dafür sogar vor Gericht. Dem konnte er schließlich klarmachen, daß Mathilde so etwas ähnliches sei wie ein Wohnwagen, nur ohne Räder und Motorhaube und Abgase.

So bekamen sie eine Sondergenehmigung für nächtliche Reisebewegungen, und da sie sich nun nicht mehr verstecken mußten, wurden Mathilde und Herr Rodolfo Schnurribartini bald bekannt wie „bunte Hunde".

Sie waren eine echte Sensation und mit einem Mal stiegen auch Herrn Schnurribartinis Gemälde im Wert. Er wurde durch sein Wanderhaus zu einem gefragten Künstler. Er veranstaltete Ausstellungen in Mathilde, sogenannte Wanderausstellungen, und er bemalte Mathilde recht hübsch, an Stellen, an denen es hinpaßte.

Es war eine schöne Zeit. Derweil der Herbsthimmel die bunten Blätter an Mathilde vorbeiwirbelte und ihre Dachziegel klappern ließ, malte und musizierte Herr Schnurribartini, er kochte, bastelte, flickte dies und das und erfüllte Mathilde mit Leben.

Sprechen konnten sie nicht miteinander, denn Herr Schnurribartini sprach die Häusersprache nicht, dafür horchte er nachts an Mathildes Mauern ... hörte hier ein leises Rieseln und auch ein zartes Pochen ... zudem hatte er gelernt, in Dingen zu lesen, die etwas zu erzählen hatten.

Daher begriff er mehr als die meisten Menschen. Und fast immer spürte er, was Mathilde wollte oder brauchte.

Und von Mathilde wissen wir ja, daß sie - wie alle Häuser - die Menschen verstand. So drehte sie sich stets geschickt zur Sonne, damit Herr Schnurribartini genügend Licht zum Malen hatte. Und ab und zu fing sie mit ihren breiten Treppenstufen unbemerkt einen Stolperer ab.

Es waren aufregende Monate für beide, doch nun stand der Winter vor der Tür.

Herr Schnurribartini sorgte sich beim ersten Frost, daß Mathilde das Rheuma ins Dachgebälk fahren könnte: „Kälte ist für so ein altes Haus sicher nicht gut“, dachte er.

Doch dann hatte er eine Idee. Er bat Mathilde, die Richtung zum Meer einzuschlagen, denn dort wohnte ein guter Freund von ihm, Kapitän Flossenohr, und den besuchten die beiden dann.

Flossenohr hatte schon von Mathilde gehört, und so war es ihm eine Ehre, sie an Bord zu begrüßen, auch wenn sein Schiff, die „Seekranke Nelly“, eine mehr als leichte Schlagseite bekam.

Doch Kapitän Flossenohr war ein Alleskönner, und so schipperten sie kreuz und quer über die Meere, steuerten ferne Länder an und lernten fremde Menschen kennen, bis sie schließlich zu einer Insel in der Südsee kamen, auf der es immer warm war, und wo sich bald niemand mehr über Mathilde wunderte.

Ja, und da wären unsere Freunde wohl heute noch, wenn nicht, ja wenn nicht am anderen Ende der Welt, in der Vorstadtstraße bei den Häusern Annette, Ilse, Ida, Albert, Hermine und Isabell, etwas geschehen wäre.

In den ersten Tagen nach Mathildes Verschwinden gab es in der Straße nur ein einziges Gesprächsthema:

Bald schon spürte jedes Haus auf seine Weise, daß Mathilde nicht mehr da war. Hermine und Isabell vermißten ihre Freundin sowieso, doch auch den Häusern, die Mathilde so oft geärgert hatten, fehlte sie. Am schlimmsten war Annette dran. Sie hatte nun kein Opfer mehr für ihren Spott. Zwar hatte sie sich an Albert versucht, doch der ließ sich nichts gefallen und patzte sofort zurück:

Auch die Bewohner der Straße sprachen viel von Mathilde. Manch einer fragte sich nun, ob ihre Fassade rot oder rosa gewesen war, wie ihr Dach ausgesehen und wie viele Fenster ihre Vorderfront gehabt hatte. Und - Hand aufs Herz - wüßtest Du denn jetzt ohne umzublättern, wie Mathilde genau aussieht?

Und dann stand in der Straße eines Tages ein großes Schild:

„Ach Du jemine!" dachte Frau Mainka und erzählte es ihrer Nachbarin. „Wie wollen die das alles an Mathildes Platz unterbringen", fragte Ida voll böser Ahnung, und Ilse sagte tonlos: „Indem sie die ganze Straße abreißen."

Es wurde totenstill. „Albert, Ilse, Ida, Annette, Du Isabell und ich ... wir alle werden abgerissen", flüsterte Hermine. Und genau das hatte man im Rathaus beschlossen, denn man wollte eine moderne Stadt sein.

Doch der Bürgermeister hatte die Rechnung ohne die Bewohner der Straße gemacht. Die lebten nämlich im Grunde gern in ihren alten Häusern, manche hatten fast ihr ganzes Leben dort verbracht, einige waren sogar hier geboren worden.

Nun zogen sie vor das Rathaus, setzten sich mitten auf die Straße und machten einen Höllenlärm. Und sie schrieben jede Menge Protestbriefe. Bald bereute der Bürgermeister seine Entscheidung.

Und er beschloß, die Straße so zu lassen, wie sie war. Nur: sie war ja gar nicht mehr, wie sie war - denn ein Haus fehlte. „Und was sollen wir dahin bauen?“ fragte der Bürgermeister die Bewohner.

Da hatte Clara Mischke *die* Idee: „Ein abgerissenes Haus ist für immer weg, aber ein weggelaufenes Haus kann ja noch irgendwo sein, man muß es nur suchen.“ Und Herr Mocken kam dann auf die Sache mit der Vermißtenanzeige.

Wer hat dieses Haus gesehen?
Es ist rosa oder rot, kann laufen,
ist ca. 9,80 Meter hoch und
Baujahr 1900.
!!!Eine Belohnung winkt!!!
Bitte bewegen Sie das Haus, zu
uns zurückzukommen, es
geschieht ihm nichts. Ehrenwort!
Die Bewohner von Pappstadt.

Die Anzeige erschien in allen großen Tageszeitungen, und so fiel sie eines Tages auch Kapitän Flossenohr in die Hände. Der zeigte sie dann seinen Freunden beim nächsten Besuch.

Mathilde und Herr Schnurribartini überlegten lange, was zu tun sei, denn sie hatten es auf der Insel sehr schön. Schließlich beschlossen sie, mit dem Bürgermeister von Pappstadt zu telefonieren.

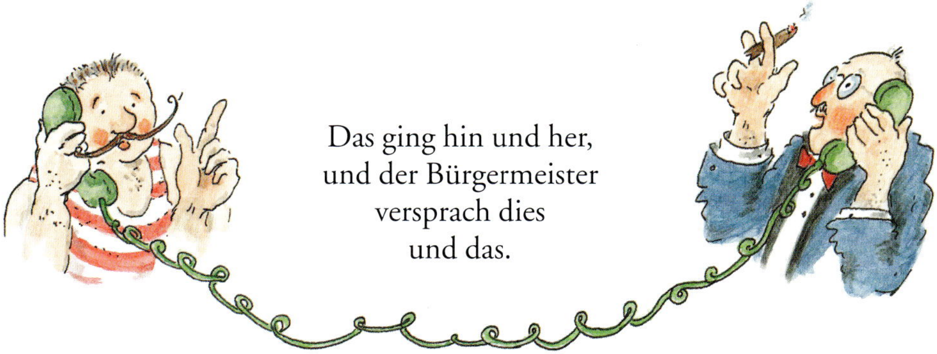

Das ging hin und her,
und der Bürgermeister
versprach dies
und das.

Als er merkte,
daß er Mathilde und Herrn Schnurribartini nicht so einfach überzeugen konnte, reiste er persönlich mit einer Abordnung zur Insel.

Er sicherte Mathilde eine komplette Renovierung und einen Anstrich mit der Farbe ihrer Wahl zu. Und Herr Schnurribartini dürfe natürlich für immer in ihr wohnen.

So willigten sie schließlich ein, und Kapitän Flossenohr hatte wieder liebe Gäste an Bord.

Herzlich
Willkommen

Der Rückweg von der Küste bis zu Mathildes Straße wurde ein wahrer Triumphzug.

Hermine und Isabell schnieften vor Freude.

Der Bürgermeister hielt eine Rede und malte eigenhändig einen Kringel auf Mathildes Tür. Ilse bewunderte Mathilde derart, daß sie nur noch ehrfurchtsvoll von ihr sprach. Das wiederum verwirrte Ida so sehr, daß sie überhaupt nichts mehr zu sagen wagte. Und Annette? Nun, was wäre ein Leben ohne Annettes böse Zunge?

Ende

?
OH!
MATHILDA
BOTERO